dtv

Ob Haaraus- oder Wutanfall, ob Schnupfen oder Liebes-
kummer, Zahnschmerzen oder Entscheidungsnot: Der
große Humorist Eugen Roth tröstet über Körperqualen
und Seelennöte hinweg, rätselt über neue Heilmethoden
und schmunzelt über Selbsthilfe und -heilung.
Zu fast jedem Wehwehchen hat die Herausgeberin Chris-
tine Reinhardt Verse mit heilender Wirkung zusammen-
getragen und es wird eine alte Weisheit bestätigt: Lachen
ist gesund!

Eugen Roth wurde am 24. Januar 1895 als Sohn des
Schriftstellers Hermann Roth in München geboren. Nach
dem Studium der Germanistik, Geschichte und Kunst-
geschichte war er bis 1933 als Redakteur für die ›Münch-
ner Neuesten Nachrichten‹ tätig. Bis zu seinem Tod am
28. April 1976 lebte er als freier Schriftsteller in seiner
Heimatstadt, die ihm 1952 den Kunstpreis für Literatur
verlieh.

Mir geht's schon besser, Herr Professer!

Heilsame Verse von Eugen Roth

Zusammengestellt von
Christine Reinhardt

Deutscher Taschenbuch Verlag

**Ausführliche Informationen über
unsere Autoren und Bücher
finden Sie auf unserer Website
www.dtv.de**

MIX
Papier aus verantwor-
tungsvollen Quellen
FSC® C019821

4. Auflage 2015
2010 Deutscher Taschenbuch Verlag GmbH & Co. KG,
München
Lizenzausgabe mit Genehmigung
des Carl Hanser Verlags
© 2004 Carl Hanser Verlag, München
Umschlagkonzept: Balk & Brumshagen
Umschlagillustration: Luis Murschetz
Gesamtherstellung: Druckerei C.H.Beck, Nördlingen
Gedruckt auf säurefreiem, chlorfrei gebleichtem Papier
Printed in Germany · ISBN 978-3-423-13895-6

Salben

Die beste Wirkungskraft verliert
Die Salbe, die zu dick geschmiert.
Auch Zuspruch, wenn er heilen soll,
Sei darum nicht zu salbungsvoll.

Leidgeteilt und lustgedoppelt

Von Kranken und Gesunden

Der Husten

Der Husten wählt sich mit Bedacht
Zum Wirkungskreis die stille Nacht,
Damit er nicht alleine stört
Dich, dem der Husten selbst gehört; –
Mit atem-schöpferischer Pause
Weckt alle Leute er im Hause,
Die wach nun auf der Lauer liegen:
Wann wirst Du Deinen Anfall kriegen!?
Der Nachbarn Mitleid ist bescheiden
Bei *andern*, lautlos-stummen Leiden –
Doch müssen hier sie sich bequemen
Und Anteil an dem Husten nehmen.
Aus Selbstsucht schon wünscht Alt und Jung
Dir herzlich: »Gute Besserung!«

Guter Zuspruch

Wenn sonst ein Gatte an was litt,
Beleidete die Frau ihn mit.
Doch trifft man auch das Gegenteil –
Die Frau nur schimpft: »Natürlich, weil:
Du einfach nie zum Doktor gehst,
Barfuß auf kalten Böden stehst,
Nie pünktlich nimmst die Medizin,
Hinarbeit'st selbst auf den Ruin,
Beim Baden immer untertauchst,
Den ganzen Tag Zigarren rauchst,
Hineinfrißt, was Du nicht verträgst,
Am Ast, auf dem wir sitzen, sägst,
Zu jeder Warnung blöd nur lachst,
Nie ernstlich Dir Gedanken machst – –
Das würde Dir vielleicht so passen,
Als Witwe mich zu hinterlassen!«
So schlägt sie nieder ihn mit Keulen
Und jetzt fängt sie gar an zu heulen.
Der Mann, gelockert und bewässert,
Verspricht, daß er sich schleunig bessert. –

Konsultation

Wird ein Familienmitglied kränklich,
So zeigt sich jedermann bedenklich
Und – was auch ganz vernünftig – rät,
Zum Arzt zu gehen, eh's zu spät.
Man gibt so lange keine Ruhe,
Bis jener schwört, daß er es tue.
Man fragt ihn sanft, man fragt ihn grob,
Zum Schluß fragt man ihn nur noch: »ob?«
Er kann dann schon Gedanken lesen:
Ob nämlich er beim Arzt gewesen?
Je nun, er geht denn auch zum Schluß,
Weil er doch einmal gehen muß.
Fragt dann der Arzt schon in der Türe
Ihn höflich, was ihn zu ihm führe,
Kann er es sagen ganz genau:
»Nur der Befehl von meiner Frau!«

Der rechte Arzt

Fehlt Dir's an Leber, Lunge, Magen,
Mußt Du es den Bekannten sagen,
Damit sie, die Dir Heilung gönnen,
Dir ihren Arzt verraten können.
Ist Deine Krankheit eine schwierige,
Kann keiner helfen als der *ihrige*.
Sie möchten's schriftlich Dir bescheinigen,
Daß Du verratzt bist mit dem Deinigen.
Herr Meier, der sich unterfing
Und nicht zu *ihrem* Doktor ging –
Es fehlte ihm wie Dir das gleiche –
War nach sechs Wochen eine Leiche.
Herrn Schmidt, der auch es ausgeschlagen,
Den hat man bald hinausgetragen,
Den braven Mann, den unermüdlichen,
Er liegt im Friedhof jetzt, im südlichen.
Doch Schneckenbeck, für dessen Leben
Kein Mensch ein Fünferl mehr gegeben,
Dem gab *ihr* Doktor eine Salbe:
Jetzt trinkt er täglich siebzehn Halbe!
Drum, willst Du sinken nicht ins Grab,
Dann laß von Deinem Doktor ab
Und lasse nur noch einen holen,
Der von Bekannten Dir empfohlen,
Weil Du nur dann – wenn doch Du stirbst –
Ein Recht auf Mitleid Dir erwirbst.
Sonst sagen sie nur, tief empört:
Er hat ja nie auf uns gehört!

Besuche

Liegst Du in Deinem Krankenzimmer,
Dann freun Besuche Dich fast immer.
Du harrst von Stund zu Stunde still,
Ob einer zu Dir kommen will:
Just, wenn des Hemdes Du ermangelst,
Nach der bewußten Flasche angelst,
In heißen Fieberträumen flatterst,
In einem kalten Wickel schnatterst,
Das Thermometer stumm bebrütest,
In jähem Schmerzensanfall wütest –
Dann, für Sekunden unerbeten,
Wird einer an Dein Lager treten
Und gleich, errötend, wieder gehen,
Ganz leise, taktvoll auf den Zehen …
Ein andermal an Deinem Lager
Stehn grade Bruder, Schwester, Schwager:
Nach leeren Wochen plötzlich drei –
Als vierter kommt der Freund vorbei.
Er kündet jedem, der erbötig:
»Besuche hat der gar nicht nötig!«
Und wieder liegst in dumpfer Pein
Du lange Tage ganz allein.

Geteiltes Leid

Ein Leiden ist schon halb geheilt,
Hat man es andern mitgeteilt:
»Und dieses Drücken, links im Bauch?« –
Der andere jubelt: »Hab ich auch!«
»Und oft im Kreuze so ein Stich?«
»Genau wie ich, genau wie ich!«
Wir sprechen bildlich: die zwei Därme
Gerührt sich fallen in die Ärme.
Im Fasching selbst und in Kostümen
Die Menschen sich der Leiden rühmen
Und steigern sich zu Ballgesprächen,
Daß sie sich manchmal stark erbrächen.
So leidgeteilt und lustgedoppelt
Hat sich schon manches Paar verkoppelt
Zu einer Ehe gut und still –
Denn Amors Pfeil trifft, wo er will.

Vorschnelle Gesundung

Ein Mensch, der lange krank gewesen,
Ist nun seit Jahr und Tag genesen,
Bewegt sich fröhlich in der Stadt,
Darin er viel Bekannte hat.
Doch jedermann, der ihn erblickt,
Ist höchst erstaunt, ja, er erschrickt:
»Was?« ruft er und sucht froh zu scheinen,
»Sie sind schon wieder auf den Beinen?
Ich dachte doch … ich hörte neulich …
Na, jeden Falles – sehr erfreulich!«
Er zeigt zu Diensten sich erbötig,
Die Gottseidank jetzt nicht mehr nötig,
Und ärgert sich im tiefsten Grund
Darüber, daß der Mensch gesund,
Statt auszuharren still im Bette,
Bis er – vielleicht – besucht ihn hätte.

Das Muster

Man kennt im Gasthaus die Besteller,
Die schaun erst auf des Nachbarn Teller:
Und äße der den Bart Jehovas,
Sie sprächen: »Ober, mir auch so was!«
Dieselbe Sorte Mensch erwählt
Die Krankheit, die grad wer erzählt
Und kriegt, in des Berichts Verlauf,
Erst richtig Appetit darauf.

Wo's grad weh tut, tut's am wehsten

Körperqualen

Blinddarm

Der Blinddarm lebt im dunkeln Bauch,
Ist nicht nur blind, ist taubstumm auch,
Ein armer Wurm, unnütz und krumm
Und, höchstwahrscheinlich, schrecklich dumm,
Infolgedessen leicht gereizt,
Sobald sich irgend etwas spreizt.
Wir merken's leider meist zu spät,
Wenn dieser Wurm in Wut gerät.
Denn, ach, er kann's nicht anders künden
Als durch ein heftiges Sich-entzünden.
Wie wollt man ihn um Ruhe bitten? –
Kurzweg wird er herausgeschnitten.
Und ohne Wurmfortsatz wird jetzt
Das Leben einfach fortgesetzt.

Magenbeschwerden

Wohl dem Gesunden, der's verträgt,
Daß er sich wüst den Bauch vollschlägt.
Doch hat selbst der nicht immer Glück,
Denn manchmal schlägt der Bauch zurück.

Schmerzen

Der Weise sagt uns unerbittlich,
Der Schmerz veredle und sei sittlich.
Jedoch, er straft sich Lügen glatt,
Sobald er selber Bauchweh hat.

Blutdruck

Obzwar wir sonst es gar nicht schätzen,
Wenn andre uns heruntersetzen,
So sind wir doch dem Arzte gut,
Der solches mit dem Blutdruck tut.

Leiden

Ein Mann hat – und die tut weh! – Gicht.
Mit Nietzsche er »Weh vergeh« spricht.
»Lust tiefer als Leid!«
Das klingt sehr gescheit –
Doch kümmert's den großen Zeh nicht!

Schnupfen

Beim Schnupfen ist die Frage bloß:
Wie kriege ich ihn – wieder los?
Verdächtig ist's: die Medizin
Sucht tausend Mittel gegen ihn,
Womit sie zugibt, zwar umwunden,
Daß sie nicht eines hat gefunden.
Doch Duden sei als Arzt gepriesen,
Der Nießen milderte zu Niesen.
Der bisher beste Heilversuch
Besteht aus einem saubern Tuch,
Zu wechseln un-ununterbrochen
Im Lauf von etwa zwei, drei Wochen.
Zu atemschöpferischer Pause
Bleibt man am besten still zu Hause,
Statt, wie so häufig, ungebeten
Mit bei Konzerten zu trompeten.
Rezept: Es hilft nichts bei Katarrhen
Als dies: geduldig auszuharren.
Der Doktor beut hier wenig Schutz –
Im besten Fall nießt er nur Nutz.

Windiges

Ach, welcher unverdienten Schmähung
Ist ausgesetzt die arme Blähung!
Da sie, zwar schuldlos, sich nicht schickt,
Lebt sie in tragischstem Konflikt,
Und zweifelnd zwischen Tun und Lassen
Hat sie sich heimlich anzupassen
In einem Kampf, der voller Pein
Dem, der gern kinder-stubenrein.
Wie glücklich doch der Grobe prahlt:
»Heraus, was keinen Zins bezahlt!«
Der Feine hat sich abzufinden,
Er muß die Winde über-winden!

Geschütteltes

Wer kann mit frohem Herzen schmausen,
Wenn tief im Stockzahn Schmerzen hausen?

Es bleibt sich gleich

Ein Mensch, der schrecklich Zahnweh hat,
Gibt gern dem frommen Wunsche statt,
Es möchte seines Schmerzes Quelle
Verlagern sich an andre Stelle.
Er hält es nämlich für gewiß,
Nichts quäle so wie das Gebiß.
Gerührt von seinen bittren Tränen,
Entführt der Teufel seinen Zähnen
Und rückt den freigewordnen Schmerz
Dem Wunsch entsprechend anderwärts.
Der Mensch, nunmehr mit Hämorrhoiden,
Ist ausgesprochen unzufrieden
Und sucht den Teufel zu bewegen,
Den Schmerz von neuem zu verlegen.
Daß man die gute Absicht sehe,
Schlüpft nun der Teufel in die Zehe.
Der Mensch, geschunden ungemindert,
Fühlt sich noch obendrein behindert,
Im Bette muß er liegen still
Und kann nicht hingehn, wo er will.
Jedoch nach den gehabten Proben
Läßt er den Schmerz geduldig toben –
Und das beruhigt ihn am ehsten:
Denn, wo's grad weh tut, tut's am wehsten!

Oft führ man gern aus seiner Haut

Seelennöte

Ärger

Es gilt, just bei nervösen Leiden,
Aufregung aller Art zu meiden;
Besonders, wie der Doktor rät,
Vorm Schlafengehen, abends spät.
Noch mehr fast, fleht er, gib Dir Müh,
Dich nicht zu ärgern in der Früh.
Und, bitte, ja nicht zu vergessen:
Niemals, vorm, beim und nach dem Essen.
Wer streng zu folgen ihm, bereit,
Hat, sich zu ärgern, kaum mehr Zeit.

Zweierlei

Ein Mensch – man sieht, er ärgert sich –
Schreit wild: Das ist ja lächerlich!
Der andre, gar nicht aufgebracht,
Zieht draus die Folgerung und – lacht.

Hautleiden

Oft führ man gern aus seiner Haut,
Doch, wie man forschend um sich schaut,
Erblickt man ringsum lauter Häute,
In die zu fahren auch nicht freute.
Hätt sich auch einer selbst erspürt
Als Narr, wo ihn die Haut anrührt,
Er bleibt, nach flüchtigem Besinnen,
Doch lieber in der seinen drinnen!

Herz

Leicht fiel das Herz uns in die Hosen,
Würd es nicht auf das Zwerchfell stoßen.
Gefährlich, gar in unsern Tagen,
Ist's, auf der Zunge es zu tragen.
Man lasse es noch bestenfalls,
Aus Angst wohl klopfen bis zum Hals
Und nehm's, wenn man das nötig fände,
Mit Vorsicht fest in beide Hände!
Doch hat dies alles wenig Zweck:
Man laß es auf dem rechten Fleck!

Gegen Aufregung

Wen Briefe ärgern, die er kriegt,
Dem sei, auf daß sein Zorn verfliegt,
Genannt ein Mittel, höchst probat,
Das manchem schon geholfen hat.
Er suche sich aus alten Akten
Die schon erledigt weggepackten
Droh-, Schmäh-, Mahn-, Haß- und Liebesbriefe,
Die schliefen in Vergessenstiefe:
Beschwichtigt alles und berichtigt,
Entzichtigt, nichtig und entwichtigt!
So wird die Zeit mit dem bald fertig,
Was gegen-, vielmehr widerwärtig.
Ad acta wirst auch Du gelegt
Samt allem, was Dich aufgeregt.

Für Wankelmütige

Ein Mensch, der alle Menschen plagt
Und sie um ihre Meinung fragt,
Was sie an seiner Stelle täten,
Steht nun bepackt mit guten Räten
Und ist mit weggeliehnem Ohr
Noch unentschlossner als zuvor.
Denn dies ist seines Unglücks Quelle,
Daß keiner ja an seiner Stelle,
Wo es um die Entscheidung geht,
Von jenen andern wirklich steht,
Nein, daß ein jeder nur die Gründe
Erwogen, falls er dorten stünde.
Der Mensch zieht draus den klaren Schluß,
Daß man sich selbst entscheiden muß.

Übelkeit

Du magst der Welt oft lange trotzen,
Dann spürst Du doch: es ist zum –.
Doch auch wenn Deine Seele bricht,
Beschmutze Deinen Nächsten nicht!

Weltschmerz

Mit Recht des Volkes Weisheit meint,
Ein Schmerz gehöre ausgeweint.
Nur Weltschmerz, der sich wichtig macht,
Gehört am besten ausge*lacht*.

Die Ärzte sind verschiedner Art
Von Heilkünstlern und Doktoren

Zum Trost

Leicht sieht ein jeder, der nicht blind,
Wie krank wir, trotz der Ärzte, sind.
Doch nie wird man die Frage klären,
Wie krank wir ohne Ärzte wären.

Darum!

Damit man doch zum Doktor geh,
Schuf Gott den Schmerz – denn, tät's nicht weh,
Dann säß der erste Arzt noch immer
Allein in seinem Wartezimmer.

Ohne mich!

Du führst – gesund, schier niederregend –
Den Hund spazieren in der Gegend
Und liest, am nächsten Straßeneck,
Ein Schild, daß zu der Heilkunst Zweck
Sich kürzlich nieder hat gelassen
Ein Arzt, vertretend alle Kassen.
Drei Häuser weiter – und schon wieder
Ließ praktisch sich ein Arzt hier nieder.
Du wanderst friedlich hundert Schritte:
Sieh an! Da ist ja schon der dritte!
Gleich nebenan schwingt ein Professer
Als vierter sein Chirurgenmesser.
Ein fünfter treibt's hals-nasen-öhrlich,
Und noch ein sechster Röntgen-röhrlich.
Ein siebter operiert nur plastisch,
Ein achter macht's mehr heilgymnastisch. –
Wobei wir *die* gar nicht erwähnen,
Die helfen möchten Deinen Zähnen. –
Du gehst – wie schon bemerkt, gesund –
Nach Hause still mit Deinem Hund
Und schließt, im Bett noch abends spät,
Sie alle in Dein Nachtgebet:
Sie möchten – *Dich* nur ausgenommen! –
Zu Patienten reichlich kommen.

Die Ärzte

Die Ärzte sind verschiedner Art;
Ich schildre den zuerst, der zart:
Oft ist er wie ein Lämmlein sanft,
Noch spielend an des Todes Ranft,
Erzählt uns muntre Anekdötchen,
Macht Männchen oder gibt uns Pfötchen.
Er zwitschert fröhlich wie ein Schwälbchen
Und er verschreibt ein harmlos Sälbchen,
Tablettchen oder bittre Pillchen
Und funkelt schalkhaft durch sein Brillchen
Mit Äuglein, frömmer als ein Rehlein –
Selbst Darmkrebs nennt er noch Wehwehlein.
Froh ist am Schluß das arme Kränkchen,
Wenn er nun fortgeht, Gott sei Dänkchen.

2.

Wenn ich den Läppischen nicht lobe,
Ist doch auch unerwünscht der Grobe.
Er mustert streng uns, herzenskalt:
»Was, über Sechzig sind Sie alt?
Da wird es sich wohl nicht mehr geben –
Nun ja, wer will denn ewig leben?«
»Gelebt, geliebt, geraucht, gesoffen –
Und alles dann vom Doktor hoffen!«
So etwa spricht er, grimmig barsch:
»Nicht zimperlich jetzt. Ausziehn, marsch!«
»Im Kopf fehlt's? Nun, das dacht ich gleich –
Da ist ja das Gehirn schon weich!«
Holt er den Nagel von der Zeh
Und man erklärt, das tue weh: –
»Wenn's wohl tät, wärt Ihr da in Haufen,
Und ich käm gar nicht mehr zum Schnaufen.«
Er knurrt wohl auch, ein wüster Spaßer:
»Sie stehn ja bis zum Hals im Wasser!«
Auch sagt er, statt uns Trost zu gönnen:
»Viel wird man da nicht machen können!«
Scheint er als Mensch auch nicht vergnüglich,
Ist er doch meist als Arzt vorzüglich.

3.

Sag ich zu beiden Fällen nein –
Fragt Ihr: »Wie soll der Arzt denn sein?«
Die Antwort hab ich da geschwind:
So, wie gottlob fast alle *sind*!
Der gute Arzt ist nicht zu zärtlich,
Doch ist er auch nicht eisenbärtlich.
Nicht zu besorgt und nicht zu flüchtig,
Er ist, mit einem Worte, tüchtig.
Er ist ein guter Mediziner,
Erst Menschheits-, dann erst Geldver-Diener.
Gesunde fühlen sich wie Götter
Und werden leicht am Arzt zum Spötter.
Doch bricht dann eine Krankheit aus,
Dann schellen sie ihn nachts heraus
Beim allerärgsten Sudelwetter
Und sind ganz klein vor ihrem Retter.
Der kommt – nicht wegen der paar Märker,
Die Nächstenliebe treibt ihn stärker
(Schlief er auch noch so süß und fest)
Zu kriechen aus dem warmen Nest.
Behandelt drum den Doktor gut,
Damit er Euch desgleichen tut!

Lob der Heilkunst

Zwar Handwerk oft und nur zum Teil Kunst
Ist doch das Wichtigste die Heilkunst.
Gäb sonst ein Künstler so bescheiden
Sich ab mit kleinen Erdenleiden?
Unsterblichkeit ist Künstlers Ziel –
Heilkünstler wollen nicht so viel:
Sie sind zufrieden, kommt's so weit,
Daß nachläßt nur die Sterblichkeit.
Die andern Künste sind im Grunde
Doch nur Genüsse für Gesunde:
Mitunter mehr als ein Gedicht
Den Kranken ein Rezept anspricht,
Und mehr als ein Gemäld ihm gilt
Ein wohlgetroffenes Krankheitsbild,
Weil ihm vor allem daran liegt,
Daß selbst er wieder Farbe kriegt.
Hörst Du vor Schmerz die Engel singen,
Der Doktor zwingt ihn, abzuklingen.
So ist im Arzte Blüt und Kraft
Vereint von Kunst und Wissenschaft.

Der Zahnarzt

Nicht immer sind bequeme Stühle
Ein Ruheplatz für die Gefühle.
Wir säßen lieber in den Nesseln
Als auf den wohlbekannten Sesseln,
Vor denen, sauber und vernickelt,
Der Zahnarzt seine Kunst entwickelt.
Er lächelt ganz empörend herzlos
Und sagt, es sei fast beinah schmerzlos.
Doch leider, unterhalb der Plombe,
Stößt er auf eine Katakombe,
Die, wie er mit dem Häkchen spürt,
In unbekannte Tiefen führt.
Behaglich schnurrend mit dem Rädchen
Dringt vor er bis zum Nervenfädchen.
Jetzt zeige, Mensch, den Seelenadel!
Der Zahnarzt prüft die feine Nadel,
Mit der er alsbald Dir beweist,
Daß Du voll Schmerz im Innern seist.
Du aber hast ihm zu beweisen,
Daß Du im Äußern fest wie Eisen.
Nachdem Ihr dieses Euch bewiesen,
Geht er daran, den Zahn zu schließen.
Hat er sein Werk mit Gold bekrönt,
Sind mit der Welt wir neu versöhnt
Und zeigen, noch im Aug die Träne,
Ihr furchtlos wiederum die Zähne:
Die wir – ein Prahlhans, wer's verschweigt –
Dem Zahnarzt zitternd nur gezeigt.

Steinleiden

Ein Nieren- oder Gallenstein
Mag ungeheuer schmerzhaft sein.
Wer aber redet von den Schmerzen,
Die oft ein Stein macht auf dem Herzen?
Das ist der beste Arzt der Welt,
Der macht, daß er herunterfällt!

Wunden

Wenn Dir der Doktor, gar noch barsch,
Reißt den Verband vom Wundenharsch,
So gibt er nichts auf Dein Gestöhn. –
Ganz glücklich sagt er: »Ei wie schön!«
Was, schmerzverwirrt, Du noch nicht siehst,
Er sieht's: daß sich die Wunde schließt.

Nur Mut, die Rettung ist schon nah!
Neue Heilmethoden

Ermunterung

Scheint auch Dein Zustand aussichtslos,
Halt durch – und wär's für Tage bloß!
Nur Mut! Die Rettung ist schon nah –
Sie kommt bestimmt aus USA,
Wo, wie man liest, beinahe stündlich
Die Heilkunst umgewälzt wird, gründlich.
Und wäre auch Dein Fall der schwerste,
Bist Du vielleicht der allererste,
Den, durch die Luft herbeigeeilt,
Von drüben ein Professor heilt!

I.G.-Farben

Mit Recht nennt, wer es nimmt genau,
Der Heilkunst Vorzeit trüb und grau:
Es gab noch keine I.G.-Farben,
Die Menschen wurden krank und starben.
Sie sterben heute noch mitunter,
Doch erstens später, zweitens bunter!

Neue Heilmethoden

Berühmt zu werden, liegt an dem:
Du mußt begründen ein System!
Such was Verrücktes und erkläre,
Daß alles Heil im Kuhmist wäre,
Dem, auf die Wunde warm gestrichen,
Noch jede Krankheit sei gewichen
Und den, nachweislich, die Azteken
Geführt in ihren Apotheken …
Hält man Dich auch für einen Narren,
Du mußt nur eisern drauf beharren,
Dann fangen immer einige an,
Zu glauben, es sei doch was dran,
Und Du gewinnst Dir viele Jünger,
Die Deine Losung: »Kraft durch Dünger!«
Streng wissenschaftlich unterbauen
Und weiterkünden voll Vertrauen.

Entdeckungen

Seit alters schon wird unentwegt
Auf Wunden heilend Kraut gelegt.
Jedoch die reine Wissenschaft
Glaubt nicht an solche Wunderkraft,
Eh sie erprobt ihr Medizinchen
Exakt an Mäusen und Kaninchen.
Dann wird, was längst schon kräuterweiblich,
Auf einmal wichtig unbeschreiblich,
Und durch die Welt geht's mit Gebrüll:
Heilkraft entdeckt im Chlorophyll!

Eiweiß

Vom Eiweiß liest man mancherlei,
So, daß es manchmal schädlich sei.
Jedoch vom Dotter keine Spur
In medizinscher Litratur!
Drum frei heraus und ohne Stottern
Sag ich: das Heil liegt in den Dottern.

Heilmittel

Der Weise, tief bekümmert, spricht:
An guten Mitteln fehlt es nicht,
Zu brechen jeden Leids Gewalt –
Nur kennen müßte man sie halt!

Der Sturm auf die Pastille
Medikamentöses

Vorurteil

Auch Medizin kann uns nicht frommen,
Voreingenommen eingenommen.

Zuversicht

Am Abend sieht man manchen Kranken
Gewaltig Medizinen tanken:
Für Herz und Magen, Kopf und Nerven
Füllt er sich an mit Heilkonserven;
Er hofft, daß morgen früh die Gaben
Gewirkt beim Aufstehn werden haben.
Und gläubig schließt er seinen Pakt
Schon jetzt mit dem Futur exakt.

Dreckapotheke

Nimm Schadenfreude, völlig rein,
Vom Schweinehunde lös das Schwein,
Dann kommst Du völlig auf den Hund;
Von diesem nimm ein Achtel Pfund,
Jedoch misch auch vom Schweinegrunzen
In Deinen Heiltrunk sieben Unzen,
Vom Krokodil erpresse Tränen,
Misch sie mit ungelöschtem Sehnen,
Vergiß nicht etwas von der Spucke,
Mit der Geduld sich fängt die Mucke.
Nimm auch des Fuchses saure Traube,
Ein Lot vom Pyramidenstaube,
Vom Dreck, mit dem man Dich bewarf,
Ein Quentchen nur, sonst wird's zu scharf.
Drei Skrupel von der Dummheit bloß,
Denn sie allein wär grenzenlos;
Den Angstschweiß eines Doktoranden
Meng mit dem Mief von alten Tanten.
Von Hexenkraut und Bibergeil
Und Rattenschwanz nimm je ein Teil –
Dann hast Du aus dem Kern der Welt
Den besten Theriak hergestellt.
Wer sich denselben einverleibt,
Jenseits von Gut und Böse bleibt.

Apotheker

Ein Glück, daß wir der Medizinen
Nicht völlig gratis uns bedienen,
Nein, daß das Schicksal, mild und weise,
Schuf hohe Apothekerpreise.
Nicht immer ist ein Arzt Dein Retter,
So er Dein Schwager oder Vetter
Und ringsum an beherzte Huster
Umsonst verteilt die Ärztemuster.
Im Kostenlosen liegt ein Reiz:
Man frißt's hinein aus purem Geiz.
Ja, würden nach gehabten Proben
Die Leute wenigstens noch loben!
Doch sagen sie, es sei ein Dreck
Und habe alles keinen Zweck!
Der hohe Preis als höherer Wille
Schlägt ab den Sturm auf die Pastille.
Denn noch ein jeder hat bedacht sich,
Wenn's heißt: »Macht fünf Mark dreiundachtzig.«
Es lobt darum ein weiser Seher
Der Säftleinmischer, Pillendreher
Uraltes, heiliges Geschlecht,
Das zwar nicht billig – aber recht!

Hausapotheke

Krank ist im Haus fast immer wer –
Mitunter muß der Doktor her.
Der Doktor geht dann wieder fort,
Die Medizinen bleiben dort
Und werden, daß den Arzt man spare,
Nun aufgehoben viele Jahre.
Unordnung ist ein böses Laster:
In einem Wust von Mull und Pflaster,
Von Thermometern, Watte, Binden
Liegt, oft nur schwer herauszufinden,
Inmitten all der Tüten, Röhren,
Die eigentlich nicht hergehören,
Das, wie wir hoffen, richtige Mittel
Mit leider höchst verzwicktem Titel:
Was von den ...in und ...an und ...ol
Tät unserem Wehweh wohl wohl?
Nur Mut! Was etwa gegen Husten
Im vorigen Jahr wir nehmen mußten,
Wir schlucken's heut bei Druck im Bauch –
Und – welch ein Wunder! – da hilft's auch!
Wenn überhaupt nur was geschieht,
Daß uns der Schmerz nicht wehrlos sieht –
Er wird nicht alles sich erlauben,
Stößt er auf unsern festen Glauben!
Von dem bewahrt Euch drum ein Restchen
In Eurem Apothekerkästchen!

Ein Mittel von besondrer Güte
ist eine sandgefüllte Tüte
Alternative Heilverfahren

Reiskur

Der Patient hat fest versprochen,
Nur Reis zu essen, sieben Wochen.
Erst tut er's streng: salzlos, gewässert,
Dann insgeheim schon leicht verbessert;
Dann in der Form des süßen Breis;
Dann Reis mit Huhn; dann Huhn mit Reis –
Um im Gefühle eines Helden
Beim Doktor wieder sich zu melden.
Und sieh! Der Patient hat Glück:
Der hohe Blutdruck ging zurück,
Und beide singen Lob und Preis
Dem wundertätig-edlen Reis.

Warzen

Die Warze widersteht mit Kraft
Selbst allerhöchster Wissenschaft.
Doch eine Schnecke, eine schwarze,
Heilt, aufgelegt, Dir jede Warze,
Auch Schlüsselblumen, Rettichscheiben,
Sie können das Gewächs vertreiben.
Hilft dies auch nicht, verzage nie:
Noch bleibt Dir ja die Sympathie!
Ein Mittel von besondrer Güte
Ist eine sandgefüllte Tüte,
Die Du so hinlegst, daß sie sieht,
Wer demnächst diese Straße zieht,
Sag: »Rechter Mann und linker Mann,
Ich häng Dir meine Warzen an!«
Schon hemmt ein Wandrer seinen Lauf
Und hebt die volle Tüte auf.
Und eh er merkt, daß es nur Sand,
Klebt ihm die Warze an der Hand.
Die Neugier rächt sich an ihm schmerzlich –
Du bist von Stund an nicht mehr wärzlich.

Beim Einschlafen

Ein Mensch möcht sich im Bette strecken,
Doch hindern die zu kurzen Decken.
Es friert zuerst ihn an den Füßen,
Abhilfe muß die Schulter büßen.
Er rollt nach rechts und meint, nun gings,
Doch kommt die Kälte prompt von links.
Er rollt nach links herum, jedoch
Entsteht dadurch von rechts ein Loch.
Indem der Mensch nun dies bedenkt,
Hat Schlaf sich mild auf ihn gesenkt,
Und schlummernd ist es ihm geglückt:
Er hat sich warm zurechtgerückt.
Natur vollbringt oft wunderbar,
Was eigentlich nicht möglich war.

Altes Volksmittel

Wer Gelbsucht hat, der heilt sie bald:
Er gehe in den nächsten Wald
Und schau (und glaube fest daran!)
Durchdringend einen Grünspecht an.
Nur reden darf er keine Silben!
Der Grünspecht wird sofort vergilben.
Der Kranke aber, kerngesund,
(Sofern er diesen Vogel fund,
Der ihm gegangen auf den Leim)
Geht mir nichts, dir nichts, wieder heim.

Für Notfälle

Das Fluchen ist an sich nicht schicklich –
Doch manchmal hilft es, augenblicklich.

Für Kahlköpfe

Als sichres Mittel gegen Glatze
Ist folgendes Rezept am Platze:
Man laß, im Lauf der nächsten Jahre
Sich einfach wachsen graue Haare –
Wozu der Grund sich leicht ergibt –
Die färbe man nun, wie's beliebt.

Gesundlesen

Man kennt die Heilkraft warmer Tücher:
Genauso helfen warme Bücher!
Wer wäre nicht schon krank gewesen
Und hätt sich nicht gesundgelesen?
Denn Goethe, Keller oder Stifter
Sind wahre Tröster und Entgifter.

Melancholie

Mit nichts ist Schwermut so zu lindern,
Als wie mit einer Schar von Kindern:
Der Ärger, wenn sie tobt und schreit,
Läßt Dir zum Trübsinn keine Zeit.
Du mußt, verstrickt in Seelenqualen,
Dem Stefan dringend gleich was malen:
Die Sonne, einen Baum, ein Haus,
Die Straßenbahn, den Nikolaus.
Der Thomas, Deinen Schmerz zu stören,
Will unbedingt ein Märchen hören,
Und Du erzählst vom Menschenfresser –
Und schau – schon geht's Dir wieder besser!

Nur frisch der eignen Kraft vertraut!
Selbsthilfe und -heilung

Behandlung

Wenn eine Krankheit selbst beherzten
Und klugen Feld-, Wald-, Wiesenärzten
Sich nicht ergibt, dann ist es rätlich,
Man komme ihr kapazi-tätlich.
Bleibt sie selbst dann, trotz hoher Kosten,
Noch unerschüttert auf dem Posten,
So läßt sich's leider nicht vertuschen:
Jetzt wird es Zeit, um Kur zu pfuschen.
Doch pfeift auch da die Krankheit drauf,
Dann lasse man ihr freien Lauf.
Vielleicht, sie geht, sobald sie sieht,
Daß gar nichts mehr für sie geschieht.

Lebensangst

Oft hat man schrecklich Angst vorm Leben,
Doch mit der Zeit wird sich das geben!
Das Leben ist ein alter Brauch
Und andere Leute leben auch,
Obwohl sie's eigentlich nicht können –
Rezept: Der bösen Welt nicht gönnen,
Daß sie verächtlich auf uns schaut!
Nur frisch der eignen Kraft vertraut!
Am Leben krankt nur, wer gescheit –
Gesunde Dummheit, die bringt's weit!

Der Pfründner

Ein Mensch hat draußen nicht viel Glück.
Er zieht sich in sich selbst zurück;
Zu keinem Aufwand mehr verpflichtet,
Doch seelisch sehr gut eingerichtet,
Führt er seitdem behaglich dort
Ein Innenleben mit Komfort.

Phantastereien

Ein Mensch denkt nachts in seinem Bette,
Was er gern täte, wäre, hätte.
Indes schon Schlaf ihn leicht durchrinnt,
Er einen goldnen Faden spinnt
Und spinnt und spinnt sich ganz zurück
In Märchentraum und Kinderglück.
Er möchte eine Insel haben,
Darauf ein Schloß mit Wall und Graben,
Das so geheimnisreich befestigt,
Daß niemand ihn darin belästigt.
Dann möchte er ein Schiff besitzen
Mit selbsterfundenen Geschützen,
Daß ganze Länder, nur vom Zielen,
In gläserne Erstarrung fielen.
Dann wünscht er sich ein Zauberwort,
Damit den Nibelungehort –
Tarnkappe, Ring und Schwert – zu heben.
Dann möcht er tausend Jahre leben,
Dann möcht er … doch er findet plötzlich
Dies Traumgeplantsch nicht mehr ergötzlich.
Er schilt sich selbst: »Hanswurst, saudummer!«
Und sinkt nun augenblicks in Schlummer.

Eitler Wunsch

Ein Mensch, der einen Glückspilz sieht,
Dem alles ganz nach Wunsch geschieht,
Verlangt vom lieben Gott das gleiche,
Daß er auch mühelos erreiche
Die schönen Sachen dieser Welt.
Und Gott, dem zwar der Wunsch mißfällt,
Beschließt in seinem wunderbaren
Ratschluß, ihm scheinbar zu willfahren.
Der Mensch, der sonst mit Herzenskräften
Und stark gebrauten Seelensäften
Der spröden Welt das abgewonnen,
Was sie zu schenken nicht gesonnen,
Spürt jäh, wie sehr er sich auch stemmt,
Vom Glanz der Welt sich überschwemmt.
Das ganze Bollwerk der Gedanken
Beginnt vor diesem Schwall zu schwanken,
Mühsam gehegte Herzensfrucht
Reißt wild mit sich die Wogenwucht.
In solcher Not wird es ihm klar,
Wie töricht sein Verlangen war.
Von nun an lebt er höchst bescheiden
Im Rebenhag der eignen Leiden
Und keltert sich, in milder Sonne
Gereift, den Wein der eignen Wonne.

Nicht zimperlich

Oft tut was weh, ganz sanft berührt,
Was man bei kräftigem Druck kaum spürt.
So ist im Leben vieles schmerzhaft,
Bis man es angreift, frisch und herzhaft.

Das Schnitzel

Ein Mensch, der sich ein Schnitzel briet,
Bemerkte, daß ihm das mißriet.
Jedoch, da er es selbst gebraten,
Tut er, als wär es ihm geraten,
Und, um sich nicht zu strafen Lügen,
Ißt er's mit herzlichem Vergnügen.

Ein Versuch

So jemand leidet bittre Pein,
So flusse er sich selbst beein,
Versuche, wie uns Weise lehren,
Durch Willen Zahnweh abzuwehren.
Ob Wille siege oder Zahn,
Kommt mehr wohl auf den letztern an.

Autosuggestion

Ein Kranker spürt, trotz der Behandlung,
In seinem Zustand keine Wandlung;
Ja, es werd schlechter, möcht er denken. –
Jedoch, um nicht den Arzt zu kränken,
Sagt er bescheiden: »Herr Professer,
Es wird wohl stimmen, – mir geht's besser!«
Und sieh – das tut's auch, mit der Zeit:
Welch ein Triumph der Höflichkeit!

Man muß die Dinge wachsen lassen
Zeit heilt Wunden

Heilungsprozeß

Was jeder Mensch wohl wissen dürft:
Daß man, wenn man sich aufgeschürft,
Geritzt, gestochen, sonst verletzt –
Und 's hat sich Wundharsch angesetzt,
Die ganze Sache nur verpatzt,
Wenn man voreilig zupft und kratzt.
Auch sieht man aus den kleinsten Pickeln
Sich scheußlich ein Geschwür entwickeln,
Weil man gesucht, noch eh es Zeit,
Nach einer – Ausdrucksmöglichkeit.
Was eben werden wollte heil,
Verwandelt sich ins Gegenteil.
Was ist am Weltenleiden schuld?
Die Ungeduld, die Ungeduld!

Zeit heilt

Wenn ihn nicht gleich der Tod ereilt,
Hat manchen schon die Zeit geheilt.
Den einen, der beim Scheiterspalten
Die große Zeh für Holz gehalten;
Den andern, den vor Zeit ein Schaf,
Knie-scheibenschießend übel traf;
Den dritten, der sich schon wollt morden,
Weil nicht bekommen er den Orden;
Den vierten, der an einer stolzen
Wunschmaid in Tränen schier zerschmolzen;
Den fünften, der mit Schreck vernommen,
Daß ihm die Felle weggeschwommen;
Den sechsten, der voll Gram gewesen,
Weil keiner sein Gedicht gelesen. –
Lang, lang ist's her; es wird die Qual
Zum Märchen schon: es war einmal …
Und alle leben so ganz friedlich –
Nur ein klein bißchen invalidlich.

Zur Warnung

Ein Mensch, zu kriegen einen Stempel,
Begibt sich zum Beamten-Tempel
Und stellt sich, vorerst noch mit kalter
Geduld zum Volke an den Schalter.
Jedoch, wir wissen: Hoff- und Harren,
Das machte manchen schon zum Narren.
Sankt Bürokratius, der Heilige,
Verachtet nichts so sehr wie Eilige.
Der Mensch, bald närrisch-ungeduldig,
Vergißt die Ehrfurcht, die er schuldig,
Und, während, daß er sich verteidigt,
Hat er Beamten schon beleidigt.
Er kriegt den Stempel erstens nicht,
Muß, zweitens, auf das Amtsgericht,
Muß trotz Entschuldigens und Bittens
Noch zehn Mark Strafe zahlen, drittens,
Muß, viertens, diesmal ohne Zorn,
Sich nochmals anstelln, ganz von vorn,
Darf, fünftens, keine Spur von Hohn
Raushörn aus des Beamten Ton
Und darf sich auch nicht wundern, sechstens,
Wenn er kriegt Scherereien, nächstens.
Geduld hat also keinen Sinn,
Wenn sie uns abreißt, mittendrin.

Homöopathie

Leicht läßt Gesundung sich erreichen,
Wenn einer Gleiches heilt mit Gleichem.
Zu der Behandlung braucht man nur
Zwei Dutzend Fläschchen, eine Uhr
Und die Geduld, daß man bestimmt
In jeder Stund drei Tropfen nimmt.

Durch die Blume

Ein Mensch pflegt seines Zimmers Zierde,
Ein Rosenstöckchen, mit Begierde.
Gießt's täglich, ohne zu ermatten,
Stellt's bald ins Licht, bald in den Schatten,
Erfrischt ihm unentwegt die Erde,
Vermischt mit nassem Obst der Pferde,
Beschneidet sorgsam jeden Trieb –
Doch schon ist hin, was ihm so lieb.
Leicht ist hier die Moral zu fassen:
Man muß die Dinge wachsen lassen!

Unheilbar bleibt der wunde Punkt

Unverbesserliches

Störungen

Herzklopfen bessern Hoffmannstropfen.
Doch nichts hilft gegen Teppichklopfen.

Ausweg

Wer krank ist, wird zur Not sich fassen,
Gilt's, dies und das zu unter*lassen.*
Doch meistens zeigt er sich immun,
Heißt es, dagegen was zu *tun.*
Er wählt den Weg sich, den bequemen,
Was *ein-* statt was zu *unter*nehmen!

Ein Mensch nimmt, guten Glaubens, an,
Er hab das Äußerste getan.
Doch leider Gotts versäumt er nun,
Auch noch das Innerste zu tun.

Vorbeugung

Daß es nicht komme erst zum Knaxe,
Erfand der Arzt die Prophylaxe.
Doch lieber beugt der Mensch, der Tor,
Sich vor der Krankheit, als ihr vor.

Als Held Du nicht verloren bist,
Wenn Du, trotz Zahnweh-bohren, liest.
Doch schafft Dir ärgre Nöte Gicht,
Hilft Schiller selbst und Goethe nicht.

Feigheit

Wir fühlen, daß die eigne Seele
Recht gut es wüßte, was uns fehle.
Doch da wir, feige, es nicht wagen,
Sie unerbittlich drum zu fragen,
So trägt sie das Geheimnis stumm
Mit sich (das heißt, mit uns!) herum.

Versagen der Heilkunst

Ein Mensch, der von der Welt Gestank
Seit längrer Zeit schwer nasenkrank,
Der weiterhin auf beiden Ohren
Das innere Gehör verloren,
Und dem zum Kotzen ebenfalls
Der Schwindel raushängt schon zum Hals,
Begibt sich höflich und bescheiden
Zum Facharzt für dergleichen Leiden.
Doch dieser meldet als Befund,
Der Patient sei kerngesund,
Die Störung sei nach seiner Meinung
Nur subjektive Zwangserscheinung.
Der Mensch verlor auf dieses hin
Den Glauben an die Medizin.

Der starke Kaffee

Ein Mensch, der viel Kaffee getrunken,
Ist nachts in keinen Schlaf gesunken.
Nun muß er zwischen Tod und Leben
Hoch überm Schlummerabgrund schweben
Und sich mit flatterflinken Nerven
Von einer Angst zur andern werfen
Und wie ein Affe auf dem schwanken
Gezweige turnen der Gedanken,
Muß über die geheimsten Wurzeln
Des vielverschlungnen Daseins purzeln
Und hat verlaufen sich alsbald
Im höllischen Gehirn-Urwald.
In einer Schlucht von tausend Dämpfen
Muß er mit Spukgestalten kämpfen,
Muß, von Gespenstern blöd geäfft,
An Weiber, Schule, Krieg, Geschäft
In tollster Überblendung denken
Und kann sich nicht ins Nichts versenken.
Der Mensch in selber Nacht beschließt,
Daß er Kaffee nie mehr genießt.
Doch ist vergessen alles Weh
Am andern Morgen – beim Kaffee.

Orthopädie

Die Kniee knickt nicht nur das Laster –
Nein, auch das harte Straßenpflaster
Führt brave Jünglinge und Mädchen
In die Gewalt des Orthopädchen.
Auslagen sind dann immer groß,
Einlagen häufig wirkungslos.

Punktion

Was man auch redet, schreibt und funkt:
Unheilbar bleibt der wunde Punkt.

Nichts wird so bleiben wie's sein wird!

Ein- und Aussichten

Rat

Schau in die Welt so vielgestaltig,
Sorgfältig, doch nicht sorgenfaltig!

Antike Weisheit

Im Altertum schon steht geschrieben,
Daß jung stirbt, wen die Götter lieben –
Womit sie nicht gleich jeden hassen,
Den sie noch länger leben lassen.

Einfache Sache

Ein Mensch drückt gegen eine Türe,
Wild stemmt er sich, daß sie sich rühre!
Die schwere Türe, erzgegossen,
Bleibt ungerührt und fest verschlossen.
Ein Unmensch, sonst gewiß nicht klug,
Versucht's ganz einfach jetzt mit Zug.
Und schau! (Der Mensch steht ganz betroffen)
Schon ist die schwere Türe offen!
So geht's auch sonst in vielen Stücken:
Dort, wo's zu ziehn gilt, hilft kein Drücken!

Gründliche Einsicht

Ein Mensch sah jedesmal noch klar:
Nichts ist geblieben so, wie's war. –
Woraus er ziemlich leicht ermißt:
Es bleibt auch nichts so, wie's grad ist.
Ja, heut schon denkt er, unbeirrt:
Nichts wird so bleiben, wie's sein wird.

Vieldeutung

Ein Mensch schaut in die Zeit zurück
Und sieh: Sein Unglück war sein Glück.

Beinahe

Ein Mensch ist höchst darob erbost:
Beinahe – ist's nicht Hohn, statt Trost? –
Hätt er fürs Lotto recht gewählt.
Nur *eine* Ziffer war verfehlt.
Wüst klagt der Mensch das Schicksal an,
Das diesen Tort ihm angetan.
Dem Menschen, der geschimpft so dreist,
Erscheint das Schicksal, nachts, als Geist:
»Soll ich mich von Dir schelten lassen?
Willst ›beinah‹ Du nicht gelten lassen?
Dein Glück, Dein Leben wär verspielt,
Hätt ich genau auf Dich gezielt.«
Seitdem trägt's still der Mensch im Leben,
Geht einmal haarscharf was – daneben.

Schnittiges

Wir scheuen alle zwar das Messer –
Doch Scherereien sind nicht besser.

Unnötige Belastung

Wer wem was nachträgt, tut nicht klug:
Trägt jeder selbst doch schwer genug!

Feingefühl

Ein Mensch sieht ein – und das ist wichtig:
Nichts ist ganz falsch und nichts ganz richtig.

Mitmenschen

Wir wähnen, als falsche Bemesser,
Den anderen geh es viel besser.
Doch mancher, dem 's Herz bricht,
Der zeigt uns den Schmerz nicht –
Dafür die Fassade viel kesser.

Inhalt